लहर और आंसू

लहर और आंसू

जयशंकर प्रसाद

ISBN: 978-93-90112-85-2

Published: -

LECTOR HOUSE LLP
E-MAIL: lectorpublishing@gmail.com

लहर और आंसू

जयशंकर प्रसाद

अनुक्रम

पृष्ठ

लहर

आंसू

लहर

लहर

१

वे कुछ दिन कितने सुंदर थे?
जब सावन घन सघन बरसते
इन आँखों की छाया भर थे

सुरधनु रंजित नवजलधर से-
भरे क्षितिज व्यापी अंबर से
मिले चूमते जब सरिता के
हरित कूल युग मधुर अधर थे

प्राण पपीहे के स्वर वाली
बरस रही थी जब हरियाली
रस जलकन मालती मुकुल से
जो मदमाते गंध विधुर थे

चित्र खींचती थी जब चपला
नील मेघ पट पर वह विरला
मेरी जीवन स्मृति के जिसमें
खिल उठते वे रूप मधुर थे

२

उठ उठ री लघु लोल लहर!
करुणा की नव अंगड़ाई-सी,
मलयानिल की परछाई-सी
इस सूखे तट पर छिटक छहर!

शीतल कोमल चिर कम्पन-सी,
दुर्ललित हठीले बचपन-सी,
तू लौट कहाँ जाती है री
यह खेल खेल ले ठहर-ठहर!

उठ-उठ गिर-गिर फिर-फिर आती,
नर्तित पद-चिह्न बना जाती,
सिकता की रेखायें उभार
भर जाती अपनी तरल-सिहर!

तू भूल न री, पंकज वन में,
जीवन के इस सूनेपन में,
ओ प्यार-पुलक से भरी ढुलक!
आ चूम पुलिन के बिरस अधर!

अशोक की चिन्ता

जलता है यह जीवन पतंग

जीवन कितना? अति लघु क्षण,
ये शलभ पुंज-से कण-कण,
तृष्णा वह अनलशिखा बन
दिखलाती रक्तिम यौवन।
जलने की क्यों न उठे उमंग?

हैं ऊँचा आज मगध शिर
पदतल में विजित पड़ा,
दूरागत क्रन्दन ध्वनि फिर,
क्यों गूँज रही हैं अस्थिर

कर विजयी का अभिमान भंग?

इन प्यासी तलवारों से,
इन पैनी धारों से,
निर्दयता की मारो से,
उन हिंसक हुंकारों से,

नत मस्तक आज हुआ कलिंग।

यह सुख कैसा शासन का?
शासन रे मानव मन का!
गिरि भार बना-सा तिनका,
यह घटाटोप दो दिन का

फिर रवि शशि किरणों का प्रसंग!

यह महादम्भ का दानव
पीकर अनंग का आसव
कर चुका महा भीषण रव,
सुख दे प्राणी को मानव
तज विजय पराजय का कुढंग।

संकेत कौन दिखलाती,
मुकुटों को सहज गिराती,

जयमाला सूखी जाती,
नश्वरता गीत सुनाती,

तब नहीं थिरकते हैं तुरंग।

बैभव की यह मधुशाला,
जग पागल होनेवाला,
अब गिरा-उठा मतवाला
प्याले में फिर भी हाला,

यह क्षणिक चल रहा राग-रंग।

काली-काली अलकों में,
आलस, मद नत पलकों में,
मणि मुक्ता की झलकों में,
सुख की प्यासी ललकों में,

देखा क्षण भंगुर हैं तरंग।

फिर निर्जन उत्सव शाला,
नीरव नूपुर श्लथ माला,
सो जाती हैं मधु बाला,
सूखा लुढ़का हैं प्याला,

बजती वीणा न यहाँ मृदंग।

इस नील विषाद गगन में
सुख चपला-सा दुख घन मे,
चिर विरह नवीन मिलन में,
इस मरु-मरीचिका-वन में

उलझा हैं चंचल मन कुरंग।

आँसु कन-कन ले छल-छल
सरिता भर रही दृगंचल;
सब अपने में हैं चंचल;
छूटे जाते सूने पल,

खाली न काल का हैं निषंग।

वेदना विकल यह चेतन,
जड़ का पीड़ा से नर्तन,
लय सीमा में यह कम्पन,
अभिनयमय हैं परिवर्तन,

चल रही यही कब से कुढंग।

करुणा गाथा गाती हैं,
यह वायु बही जाती है,
ऊषा उदास आती हैं,
मुख पीला ले जाती है,

वन मधु पिंगल सन्ध्या सुरंग।

आलोक किरन हैं आती,
रेश्मी डोर खिंच जाती,
दृग पुतली कुछ नच पाती,
फिर तम पट में छिप जाती,

कलरव कर सो जाते विहंग।

जब पल भर का हैं मिलना,
फिर चिर वियोग में झिलना,
एक ही प्राप्त हैं खिलना,
फिर सूख धूल में मिलना,

तब क्यों चटकीला सुमन रंग?

संसृति के विक्षत पर रे!
यह चलती हैं डगमग रे!
अनुलेप सदृश तू लग रे!
मृदु दल बिखेर इस मग रे!

कर चुके मधुर मधुपान भृंग।

भुनती वसुधा, तपते नग,
दुखिया है सारा अग जग,
कंटक मिलते हैं प्रति पग,
जलती सिकता का यह मग,

बह जा बन करुणा की तरंग,
जलता हैं यह जीवन पतंग।

प्रलय की छाया

थके हुए दिन के निराशा भरे जीवन की
सन्ध्या हैं आज भी तो धूसर क्षितिज में!
और उस दिन तो;
निर्जन जलधि-वेला रागमयी सन्ध्या से
सीखती थी सौरभ से भरी रंग-रलियाँ।
दूरागत वंशी रव
गूँजता था धीवरों की छोटी-छोटी नावों से।
मेरे उस यौवन के मालती-मुकुल में
रंध्र खोजती थी, रजनी की नीली किरणें
उसे उकसाने को-हँसाने को।
पागल हुई मैं अपनी ही मृदुगन्ध से
कस्तूरी मृग जैसी।

पश्चिम जलधि में,
मेरी लहरीली नीली अलकावली समान
लहरें उठती थी मानों चूमने को मुझको,
और साँस लेता था संसार मुझे छुकर।
नृत्यशीला शैशव की स्फूर्तियाँ
दौड़कर दूर जा खड़ी हो हँसने लगी।
मेरे तो,
चरण हुए थे विजड़ित मधु भार से।
हँसती अनंग-बालिकाएँ अन्तरिक्ष में
मेरी उस क्रीड़ा के मधु अभिषेक में
नत शिर देख मुझे।

कमनीयता थी जो समस्त गुजरात की
हुई एकत्र इस मेरी अंगलतिका में,
पलकें मदिर भार से थीं झुकी पड़ती।
नन्दन की शत-शत दिव्य कुसुम-कुन्तला
अप्सराएँ मानो वे सुगन्ध की पुतलियाँ
आ आकर चूम रहीं अरुण अधर मेरा
जिसमें स्वयं ही मुस्कान खिल पड़ती।
नूपुरों की झनकार घुली-मिली जाती थी
चरण अलक्तक की लाली से
जैसे अन्तरिक्ष की अरुणिमा

पी रही दिगन्त व्यापी सन्ध्या संगीत को।

कितनी मादकता थी?
लेने लगी झपकी मैं
सुख रजनी की विश्रम्भ-कथा सुनती;
जिसमें थी आशा
अभिलाषा से भरी थी जो
कामना के कमनीय मृदुल प्रमोद में
जीवन सुरा की वह पहली ही प्याली थी।
"आँखे खुली;
देखा मैने चरणों में लोटती थी
विश्व की विभव-राशि,
और थे प्रणत वहीं गुर्ज्जर-महीप भी।
वह एक सन्ध्या था।"

"श्यामा सृष्टि युवती थी
तारक-खचिक नीलपट परिधान था
अखिल अनन्त में
चमक रही थी लालसा की दीप्त मणियाँ
ज्योतिमयी, हासमयी, विकल विलासमयी
बहती थी धीरे-धीरे सरिता
उस मधु यामिनी में
मदकल मलय पवन ले ले फूलों से
मधुर मरन्द-बिन्द उसमें मिलाता था।
चाँदनी के अंचल में।
हरा भरा पुलिन अलस नींद ले रहा।

सृष्टि के रहस्य भी परखने को मुझको
तारिकाएँ झाँकती थी।
शत शतदलों की
मुद्रित मधुर गन्ध भीनी-भीनी रोम में
बहाती लावण्य धारा।
स्मर शशि किरणें
स्पर्श करती थी इस चन्द्रकान्त मणि को
स्निग्धता बिछलाती थी जिस मेरे अंग पर।

अनुराग पूर्ण था हृदय उपहार में
गुर्ज्जरेश पाँवड़े बिछाते रहे पलकों के,
तिरते थे
मेरी अँगड़ाइयों की लहरों में।
पीते मकरन्द थे
मेरे इस अधखिले आनन सरोज का
कितना सोहाग था, कैसा अनुराग था?
खिली स्वर्ण मल्लिका की सुरभित वल्लरी-सी

गुर्जर के थाले में मरन्द वर्षा करती मैं।"

"और परिवर्तन वह!
क्षितिज पटी को आन्दोलित करती हुई
नीले मेघ माला-सी
नियति-नटी थी आई सहसा गगन में
तड़ित विलास-सी नचाती भौहें अपनी।"
"पावक-सरोवर में अवभृथ स्नान था
आत्म-सम्मान-यज्ञ की वह पूर्णाहुति
सुना-जिस दिन पद्मिनी का जल मरना
सती के पवित्र आत्म गौरव की पुण्य-गाथा
गूँज उठी भारत के कोने-कोने जिस दिन;
उन्नत हुआ था भाल
महिला-महत्त्व का।

दृप्त मेवाड़ के पवित्र बलिदान का
ऊर्जित आलोक
आँख खोलता था सबकी।
सोचने लगी थी कुल-वधुएं, कुमारिकाएँ
जीवन का अपने भविष्य नये सिर से;
उसी दिन
बींधने लगी थी विषमय परतंत्रता।
देव-मन्दिरों की मूक घंटा-ध्वनि
व्यंग्य करती थी जब दीन संकेत से
जाग उठी जीवन की लाज भरी निद्रा से।

मै भी थी कमला,
रूप-रानी गुजरात की।
सोचती थी
पद्मिनी जली थी स्वयं किन्तु मैं जलाऊँगी
वह दवानल ज्वाला
जिसमें सुलतान जले।
देखे तो प्रचंड रूप-ज्वाला की धधकती
मुझको सजीव वह अपने विरुद्ध।
आह! कैसी वह स्पर्द्धा थी?
स्पर्द्धा थी रूप की
पद्मिनी की वाह्य रूप-रेखा चाहे तुच्छ थी,
मेरे इस साँचे में ढले हुए शरीर के
सम्मुख नगण्य थी।

देखकर मुकुर, पवित्र चित्र पद्मिनी का
तुलना कर उससे,
मैने समझा था यही।
वह अतिरंजित-सी तूलिका चितेरी की

फिर भी कुछ कम थी।
किन्तु था हृदय कहाँ?
वैसा दिव्य
अपनी कमी थी इतरा चली हृदय की
लधुता चली थी माप करने महत्त्व की।

"अभिनय आरम्भ हुआ
अन-हलवाड़ा में अनल चक्र घूमा फिर
चिर अनुगत सौन्दर्य के समादर में
गुज्जरेश मेरी उन इंगितों में नाच उठे।
नारी के चयन! त्रिगुणात्मक ये सन्निपात
किसको प्रमत्त नहीं करते
धैर्य किसका नहीं हरते ये?
वही अस्त्र मेरा था।
एक झटके में आज
गुर्जर स्वतंत्र साँस लेता था सजीव हो।

क्रोध सुलतान का दग्ध करने लगा
दावानल बनकर
हरा भरा कानन प्रफुल्ल गुजरात का।
बालको की करुण पुकारें, और वृद्धों की
आर्तवाणी,
क्रन्दन रमणियों का,
भैरव संगीत बना, तांडव-नृत्य-सा
होने लगा गुर्जर में।
अट्टहास करती सजीव उल्लास से
फाँद पड़ी मैं भी उस देश की विपत्ति में।

वही कमला हूँ मैं!
देख चिरसंगिनी रणांगण में, रंग में,
मेरे वीर पति आह कितने प्रसन्न थे
बाधा, विघ्न, आपदाएँ,
अपनी ही क्षुद्रता में टलती-बिचलती
हँसते वे देख मुझे
मै भी स्मित करती।
किन्तु शक्ति कितनी थी उस कृत्रिमता में?
संबल बचा न जब कुछ भी स्वदेश में
छोड़ना पड़ा ही उसे।
निर्वासित हम दोनों खोजते शरण थे,
किन्तु दुर्भाग्य पीछा करने में आगे था।

"वह दुपहरी थी,
लू से झुलसानेवाली; प्यास से जलानेवाली।
थके सो रहे थे तरुछाया में हम दोनों

तुर्कों का एक दल आया झंझावात-सा।
मेरे गुज्जरिश!
आज किस मुख से कहूँ?
सच्चे राजपूत थे,
वह खंग लीला खड़ी देखती रही मैं वही
गत-प्रत्यागत में और प्रत्यावर्तन में
दूर वे चले गये,
और हुई बन्दी मैं।

वाह री नियति!
उस उज्जवल आकाश में
पद्मिनी की प्रतिकृति-सी किरणों में बनकर
व्यंग्य-हास करती थी।
एक क्षण भ्रम के भुलावे में डालकर
आज भी नचाता वही,
आज सोचती हूँ जैसे पद्मिनी थी कहती-
"अनुकरण कर मेरा"
समझ सकी न मैं।
पद्मिनी की भूल जो थी समझने को
सिंहिनी की दृप्त मूर्ति धारण कर
सन्मुख सुलतान के
मारने की, मरने की अटल प्रतिज्ञा हुई।

उस अभिमान में
मैंने ही कहा था - छाती ऊँची कर उनसे -
"ले चलो मैं गुर्जर की रानी हूँ, कमला हूँ"
वाह री! विचित्र मनोवृत्ति मेरी!
कैसा वह तेरा व्यंग्य परिहास-शील था?
उस आपदा में आया ध्यान निज रूप का।
रूप यह!
देखे तो तुरुष्कपति मेरा भी
कितनी महीन और कितनी अभूतपूर्व?

बन्दिनी मैं बैठी रही
देखती थी दिल्ली कैसी विभव विलासिनी।
यह ऐश्वर्य की दुलारी, प्यारी क्रूरता की
एक छलना-सी, सजने लगी थी सन्ध्या में।
कृष्णा वह आई फिर रजनी भी।
खोलकर ताराओं की विरल दशन पंक्ति
अट्टहास करती थी दूर मानो व्योम में।
जो न सुन पड़ा अपने ही कोलाहल में!

कभी सोचती थी प्रतिशोध लेना पति का
कभी निज रूप सुन्दरता की अनुभूति

क्षणभर चाहती जगाना मैं
सुलतान ही के उस निर्मम हृदय में,
नारी मैं!
कितनी अबला थी और प्रमदा थी रूप की!

साहस उमड़ता था वेग-पूर-ओघ-सा
किन्तु हलकी थी मैं,
तृण बह जाता जैसे
वैसे मैं विचारों में ही तिरती-सी फिरती।
कैसी अवहेलना थी यह मेरी शत्रुता की
इस मेरे रूप की।

आज साक्षात होगा कितने महीनों पर
लहरी-सदृश उठती-सी गिरती-सी मैं
अद्भूत! चमत्कार!! दृप्त निज गरिमा में
एक सौंदर्यमयी वासना की आँधी-सी
पहुँची समीप सुलतान के।
तातारी दासियों मे मुझको झुकाना चाहा
मेरे ही घुटनों पर,
किन्तु अविचल रही।
मणि-मेखला में रही कठिन कृपानी जो
चमकी वह सहसा
मेरे ही वक्ष का रुधिर पान करने को।
किन्तु छिन गई वह
और निरुपाय मैं तो ऐंठ उठी डोरी-सी,
अपमान-ज्वाला में अधीर होके जलती।

अन्त करने का और वहीं मर जाने का
मेरा उत्साह मन्द हो चला।
उसी क्षण बचकर मृत्यु महागर्त से सोचने लगी थी मैं-

"जीवन सौभाग्य हैं; जीवन अलभ्य हैं।"
चारों और लालसा भिखरिणी-सी माँगती थी
प्राणों के कण-कण दयनीय स्पृहणीय
अपने विश्लेषण रो उठे अकिंचन जो
"जीवन अनन्त हैं,
इसे छिन्न करने का किसे अधिकार हैं?"
जीवन की सीमामयी प्रतिमा
कितनी मधुर हैं?
विश्व-भर से मैं जिसे छाती मे छिपाये रही।

कितनी मधुर भीख माँगते हैं सब ही:-
अपना दल-अंचल पसारकर बन-राजी,
माँगती हैं जीवन का बिन्द-बिन्द ओस-सा

क्रन्दन करता-सा जलनिधि भी
माँगता हैं नित्य मानो जरठ भिखारी-सा
जीवन की धारा मीठी-मीठी सरिताओं से।
व्याकुल हो विश्व, अन्ध तम से
भोर में ही माँगता हैं
"जीवन की स्वर्णमयी किरणें प्रभा भरी।
जीवन ही प्यारा हैं जीवन सौभाग्य है।"

रो उठी मैं रोष भरी बात कहती हुई
"मारकर भी क्या मुझे मरने न दोगे तुम?
मानती हूँ शक्तिशाली तुम सुलतान हो
और मैं हूँ बन्दिनी।
राज्य हैं बचा नहीं,
किन्तु क्या मनुष्यता भी मुझमें रही नहीं
इतनी मैं रिक्त हूँ?"
क्षोभ से भरा कंठ फिर चुप हो रही।

शक्ति प्रतिनिधि उस दृप्त सुलतान की
अनुनय भरी वाणी गूँज उठा कान में।
"देखता हूँ मरना ही भारत की नारियों का
एक गीत-भार हैं!
रानी तुम बन्दिनी हो मेरी प्रार्थनाओं में
पद्मिनी को खो दिया हैं
किन्तु तुमको नहीं!
शासन करोगी इन मेरी क्रूरताओं पर
निज कोमलता से-मानस की माधुरी से!
आज इस तीव्र उत्तेजना की आँधी में
सुन न सकोगी, न विचार ही करोगी तुम
ठहरो विश्राम करों।"
अति द्रुत गति से
कब सुलतान गये
जान सकी मैं न, और तब से
यह रंगमहल बना सुवर्ण पींजरा।

"एक दिन, संध्या थी;
मलिन उदास मेरे हृदय पटल-सा
लाल पीला होता था दिगन्त निज क्षोभ से।
यमुना प्रशान्त मन्द-मन्द निज धारा में,
करुण विषाद मयी
बहती थी धरा के तरल अवसाद-सी।
बैठी हुई कालिमा की चित्र-भिटी देखती
सहसा मैं चौंक उठी द्रुत पद-शब्द से।

सामने था

शैशव से अनुचर
मानिक युवक अब
खिंच गया सहसा
पश्चिम-जलधि-कूल का वह सुरम्य चित्र
मेरी इन दुखिया अँखड़ियों के सामने।
जिसको बना चुका था मेरा यह बालपन
अद्रत कुतूहल औ' हँसी की कहानी से।

मैने कहा:-
"कैसे तू अभागा यहाँ पहुँचा हैं मरने?"
"मरने तो नहीं यहाँ जीवन की आशा में
आ गया हूँ रानी! -भला
कैसे मैं न आता यहाँ?"
कह, वह चुप था।
छूरे एक हाथ में
दूसरे सो दोनों हाथ पकड़े हुए वहीं
प्रस्तुत थीं तातारी दासियाँ।
सहसा सुलतान भी दिखाई पड़े,
और मैं थी मूक गरिमा के इन्द्रजाल में।

"मृत्युदंड!"
वज्र-निर्घोष-सा सुनाई पड़ा भीषणतम
मरता है मानिक!
गूँज उठा कानों में-
"जीवन अलभ्य हैं; जीवन सौभाग्य हैं।"
उठी एक गर्व-सी
किन्तु झुक गई अनुनय की पुकार में
"उसे छोड़ दीजिए" - निकल पडा मुँह से।

हँसे सुलतान,और अप्रतिम होती मैं
जकड़ी हुई थी अपनी ही लाज-शृंखला में।
प्रार्थना लौटाने का उपाय अब कौन था?
अपने अनुग्रह के भार से दबाते हुए
कहा सुलतान ने-
"जाने दो रानी की पहली यह आज्ञा हैं।"
हाय रे हृदय! तूने
कौड़ी के मोल बेचा जीवन का मणि-कोष
और आकाश को पकड़ने की आशा में
हाथ ऊँचा किये सिर दे दिया अतल में।

"अन्तर्निहित था
लालसाएँ, वासनाएँ जितनी अभाव में
जीवन की दीनता में और पराधीनता में
पलने लगीं वे चेतना के अनजान में।

धीरे-धीरे आती हैं जैसे मादकता
आँखों के अजान में, ललाई में ही छिपती;
चेतना थी जीवन की फिर प्रतिशोध की।
किन्तु किस युग से वासना के बिन्द रहे सींचते
मेरे संवेदनो को।
यामिनी के गूढ़ अन्धकार में
सहसा जो जाग उठे तारा से
दुर्बलता को मानती-सी अवलम्ब मैं
खडी हुई जीवन की पिच्छिल-सी भूमि पर।
बिखरे प्रलोभनों को मानती-सी सत्य मैं
शासन की कामना में झूमी मतवाली हो।

एक क्षण, भावना के उस परिवर्तन का
कितना अर्जित था?
जीवित हैं गुज्जरिश! कर्णदेव!
भेजा संदेश मुझे "शीघ्र अन्त कर दो
जीवन की लीला।"
लालसा की अर्द्ध कृति-सी!
उस प्रत्यावर्तन मे प्राण जो न दे सके, हाँ
जीवित स्वयं हैं।

जियें फिर क्यों न सब अपनी ही आशा में?
बन्दिनी हुई मैं अबला थी;
प्राणों का लोभ उन्हें फिर क्यों न बचा सका?
प्रेम कहाँ मेरा था?
और मुझमे भी कैसे कहूँ शुद्ध प्रेम था।
मानिक कहता हैं, आह, मुझे मर जाने को।
रूप न बनाया रानी मुझे गुजरात की,
वही रूप आज मुझे प्रेरित था करता
भारतेश्वरी का पद लेने को।

लोभ मेरा मूर्तिमान, प्रतिशोध था बना
और सोचती थी मैं, आज हूँ विजयिनी
चिर पराजित सुलतान पद तल में।
कृष्णागुरुवर्तिका
जल चुकी स्वर्ण पात्र के ही अभिमान में
एक धूम-रेखा मात्र शेष थी,
उस निस्पन्द रंग मन्दिर के व्योम में
क्षीणगन्ध निरवलम्ब।
किन्तु मैं समझती थी, यही मेरी जीवन हैं!
यह उपहार हैं, श्रृंगार हैं।
मेरा रूप माधुरी का।

मणि नूपुरों की बीन बजी, झनकार से

गूँज उठी रंगशाला इस सौन्दर्य की
विश्व था मनाता महोत्सव अभिमान का
आज विजयी था रूप
और साम्राज्य था नृशंस क्रूरताओं का
रूप माधुरी की कृपा-कोर को निरखता
जिसमें मदोद्धत कटाक्ष की अरुणिमा
व्यंग्य करती थी विश्व भर के अनुराग पर।
अवहेलना से अनुग्रह थे बिखरते।
जीवन के स्वप्न सब बनते-बिगड़ते थे
भवें बल खाती जब;
लोगों की अदृष्ट लिपि लिखी-पढ़ी जाती थी
इस मुसक्यान के, पद्मराग-उद्गम से
बहता सुगन्ध की सुधा का सोता मन्द-मन्द।

रतन राजि, सींची जाती सुमन-मरन्द से
कितनी ही आँखों की प्रसन्न नील ताराएँ
बनने को मुकुर-अचंचल, निस्पन्द थी।
इन्हीं मीन दृगों को चपल संकेत बन
शासन, कुमारिका से हिमालय-श्रृंग तक
अथक अबाध और तीव्र मेध-ज्योति-सा
चलता था-
हुआ होगा बनना सफल जिसे देखकर
मंजु मीन-केतन अनंग का।
मुकुट पहनते थे सिर, कभी लोटते थे
रक्त दग्ध धरणी मे रूप की विजय में।
हर में सुलतान की
देखती सशंक दृग कोरों से
निज अपमान को।"

"बेच दिया
विश्व इन्द्रजाल में सत्य कहते हैं जिसे;
उसी मानवता के आत्म सम्मान को।"
जीवन में आता हैं परखने का
जिसे कोई एक क्षण,
लोभ, लालसा या भय, क्रोध, प्रतिशोध के
उग्र कोलाहल में,
जिसकी पुकार सुनाई ही नही पड़ती।
सोचा था उस दिन:
जिस दिन अधिकार-क्षुब्ध उस दास ने,
अन्त किया छल से काफूर ने
अलाउद्दीन का, मुमूर्षु सुलतान का।

आँधी में नृशंसता की रक्त-वर्षा होने लगी
रूप वाले, शीश वाले, प्यार से फले हुए

प्राणी राज-वंश के
मारे गये।
वह एक रक्तमयी सन्ध्या थी।
शक्तिशाली होना अहोभाग्य हैं
और फिर
बाधा-विघ्न-आपदा के तीव्र प्रतिघात का
सबल विरोध करने में कैसा सुख हैं?
इसका भी अनुभव हुआ था भली-भाँति मुझे
किन्तु वह छलना थी मिथ्या अधिकार की।

जिस दिन सुना अकिंचन परिवारी ने;
आजीवन दास ने, रक्त से रँगे हुए;
अपने ही हाथों पहना है राज मुकुट।

अन्त कर दास राजवंश का,
लेकर प्रचंड़ प्रतिशोध निज स्वामी का
मानिक ने, खुसरु के नाम से
शासन का दंड किया ग्रहण सदर्प हैं।
उसी दिन जान सकी अपनी मैं सच्ची स्थिति
मैं हूँ किस तल पर?
सैकड़ों ही वृश्चिकों का डंक लगा एक साथ
मैं जो करने थी आई
उसे किया मानिक ने।
खुसरु ने!!

उद्धत प्रभुत्व का
वात्याचक्र! उठा प्रतिशोध-दावानल में
कह गया अभी-अभी नीच परिवारी वह!
"नारी यह रूप तेरा जीवित अभिशाप हैं
जिसमें पवित्रता की छाया भी पड़ी नहीं।
जितने उत्पीड़न थे चूर हो दबे हुए,
अपना अस्तित्व हैं पुकारते,
नश्वर संसार में
ठोस प्रतिहिंसा की प्रतिध्वनि है चाहते।"
"लूटा था दृप्त अधिकार में
जितना विभव, रूप, शील और गौरव को
आज वे स्वतंत्र हो बिखरते है!
एक माया-स्रूत-सा
हो रहा है लोप इन आँखों के सामने।"

देख कमलावती।
ढुलक रही हैं हिम-बिन्द-सी
सत्ता सौन्दर्य के चपल आवरण की।
हँसती है वासना की छलना पिशाची-सी

छिपकर चारों और व्रीड़ा की अँगुलियाँ
करती संकेत हैं व्यंग्य उपहास में।
ले चली बहाती हुई अन्ध के अतल में
वेग भरी वासना
अन्तक शरभ के
काले-काले पंख ढकते हैं अन्ध तम से।
पुण्य ज्योति हीन कलुषित सौन्दर्य का-
गिरता नक्षत्र नीचे कालिमा की धारा-सा
असफल सृष्टि सोती-
प्रलय की छाया में।

ले चल वहाँ भुलावा देकर

ले चल वहाँ भुलावा देकर
मेरे नाविक! धीरे-धीरे।
जिस निर्जन में सागर लहरी,
अम्बर के कानों में गहरी,
निश्छल प्रेम-कथा कहती हो-
तज कोलाहल की अवनी रे।

जहाँ साँझ-सी जीवन-छाया,
ढीली अपनी कोमल काया,
नील नयन से ढुलकाती हो-
ताराओं की पाँति घनी रे।

जिस गम्भीर मधुर छाया में,
विश्व चित्र-पट चल माया में,
विभुता विभु-सी पड़े दिखाई-
दुख-सुख बाली सत्य बनी रे।

श्रम-विश्राम क्षितिज-वेला से
जहाँ सृजन करते मेला से,
अमर जागरण उषा नयन से-
बिखराती हो ज्योति घनी रे!

निज अलकों के अंधकार में

निज अलकों के अन्धकार मे
तुम कैसे छिप आओगे?
इतना सजग कुतूहल! ठहरो,
यह न कभी बन पाओगे!

आह, चूम लूँ जिन चरणों को
चाँप-चाँपकर उन्हें नहीं
दुख दो इतना, अरे अरुणिमा
ऊषा-सी वह उधर बही।

वसुधा चरण-चिह्न-सी बनकर
यहीं पड़ी रह जावेगी।
प्राची रज कुंकुम ले चाहे
अपना भाल सजावेगी।

देख मैं लूँ इतनी ही तो है इच्छा?
लो सिर झुका हुआ।
कोमल किरन-उँगलियो से ढँक दोगे
यह दृग खुला हुआ।

फिर कह दोगे;पहचानो तो
मैं हूँ कौन बताओ तो।
किन्तु उन्हीं अधरों से, पहले
उनकी हँसी दबाओ तो।

सिहर रेत निज शिथिल मृदुल
अंचल को अधरों से पकड़ो।
बेला बीत चली हैं चंचल
बाहु-लता से आ जकड़ो।

तुम हो कौन और मैं क्या हूँ?
इसमें क्या है धरा, सुनो,
मानस जलधि रहे चिर चुम्बित
मेरे क्षितिज! उदार बनो।

मधुप गुनगुनाकर कह जाता

मधुप गुनगुना कर कह जाता कौन कहानी अपनी,
मुरझा कर गिर रही पत्तियां देखो कितनी आज घनी

इस गंभीर अनंत नीलिमा में अस्संख्य जीवन-इतिहास-
यह लो, करते ही रहते हैं अपना व्यंग्य-मलिन उपहास

तब बही कहते हो-काह डालूं दुर्बलता अपनी बीती!
तुम सुनकर सुख पाओगे, देखोगे – यह गागर रीती

किन्तु कहीं ऐसा ना हो की तुम खली करने वाले-
अपने को समझो-मेरा रस ले अपनी भरने वाले

यह विडम्बना! अरी सरलते तेरी हँसी उड़ाऊँ मैं
भूलें अपनी, या प्रवंचना औरों की दिखलाऊं मैं

उज्जवल गाथा कैसे गाऊं मधुर चाँदनी रातों की
अरे खिलखिला कार हसते होने वाली उन बातों की

मिला कहाँ वो सुख जिसका मैं स्वप्न देख कार जाग गया?
आलिंगन में आते-आते मुसक्या कर जो भाग गया

जिसके अरुण-कपोलों की मतवाली सुंदर छाया में
अनुरागिनी उषा लेती थी निज सुहाग मधुमाया में

उसकी स्मृति पाथेय बनी है थके पथिक की पन्था की
सीवन को उधेड कर देखोगे क्यों मेरी कन्था की?

छोटे-से जीवन की कैसे बड़ी कथाएं आज कहूँ?
क्या ये अच्छा नहीं कि औरों की सुनता मैं मौन रहूँ?

सुनकर क्या तुम भला करोगे-मेरी भोली आत्म-कथा?
अभी समय बही नहीं- थकी सोई है मेरी मौन व्यथा

अरी वरुणा की शांत कछार

अरी वरुणा की शांत कछार!
तपस्वी के वीराग की प्यार!

सतत व्याकुलता के विश्राम, अरे ऋषियों के कानन कुञ्ज!
जगत नश्वरता के लघु त्राण, लता, पादप, सुमनों के पुञ्ज!
तुम्हारी कुटियों में चुपचाप, चल रहा था उज्ज्वल व्यापार
स्वर्ग की वसुधा से शुचि संधि, गूंजता था जिससे संसार

अरी वरुणा की शांत कछार!
तपस्वी के वीराग की प्यार!

तुम्हारे कुंजो में तल्लीन, दर्शनों के होते थे वाद
देवताओं के प्रादुर्भाव, स्वर्ग के सपनों के संवाद
स्निग्ध तरु की छाया में बैठ, परिषदें करती थी सुविचार-
भाग कितना लेगा मस्तिष्क, हृदय का कितना है अधिकार?

अरी वरुणा की शांत कछार!
तपस्वी के वीराग की प्यार!

छोड़कर पार्थिव भोग विभूति, प्रेयसी का दुर्लभ वह प्यार
पिता का वक्ष भरा वात्सल्य, पुत्र का शैशव सुलभ दुलार
दुःख का करके सत्य निदान, प्राणियों का करने उद्धार
सुनाने आरण्यक संवाद, तथागत आया तेरे द्वार

अरी वरुणा की शांत कछार!
तपस्वी के वीराग की प्यार!

मुक्ति जल की वह शीतल बाढ़, जगत की ज्वाला करती शांत
तिमिर का हरने को दुख भार, तेज अमिताभ अलौकिक कांत
देव कर से पीड़ित विक्षुब्ध, प्राणियों से कह उठा पुकार–
तोड़ सकते हो तुम भव-बंध, तुम्हें है यह पूरा अधिकार

अरी वरुणा की शांत कछार!
तपस्वी के वीराग की प्यार!

छोड़कर जीवन के अतिवाद, मध्य पथ से लो सुगति सुधार.
दुःख का समुदय उसका नाश, तुम्हारे कर्मों का व्यापार

विश्व-मानवता का जयघोष, यहीं पर हुआ जलद-स्वर-मंद्र
मिला था वह पावन आदेश, आज भी साक्षी है रवि-चंद्र

अरी वरुणा की शांत कछार!
तपस्वी के वीराग की प्यार!

तुम्हारा वह अभिनंदन दिव्य और उस यश का विमल प्रचार
सकल वसुधा को दे संदेश, धन्य होता है बारम्बार
आज कितनी शताब्दियों बाद, उठी ध्वंसों में वह झंकार
प्रतिध्वनि जिसकी सुने दिगन्त, विश्व वाणी का बने विहार

हे सागर संगम अरुण नील

हे सागर संगम अरुण नील!

अतलान्त महा गंभीर जलधि
तज कर अपनी यह नियत अवधि,
लहरों के भीषण हासों में
आकर खारे उच्छ्वासों में

युग युग की मधुर कामना के
बन्धन को देता ढील।
हे सागर संगम अरुण नील।

पिंगल किरनों-सी मधु-लेखा,
हिमशैल बालिका को तूने कब देखा!

कवरल संगीत सुनाती,
किस अतीत युग की गाथा गाती आती।

आगमन अनन्त मिलन बनकर
बिखराता फेनिल तरल खील।
हे सागर संगम अरुण नील!

आकुल अकूल बनने आती,
अब तक तो है वह आती,

देवलोक की अमृत कथा की माया
छोड़ हरित कानन की आलस छाया

विश्राम माँगती अपना।
जिसका देखा था सपना

निस्सीम व्योम तल नील अंक में
अरुण ज्योति की झील बनेगी कब सलील?
हे सागर संगम अरुण नील!

उस दिन जब जीवन के पथ में

उस दिन जब जीवन के पथ में,
छिन्न पात्र ले कम्पित कर में,
मधु-भिक्षा की रटन अधर में,
इस अनजाने निकट नगर में,
आ पहुँचा था एक अकिंचन।

उस दिन जब जीवन के पथ में,
लोगों की आखें ललचाईं,
स्वयं माँगने को कुछ आईं,
मधु सरिता उफनी अकुलाईं,
देने को अपना संचित धन।

उस दिन जब जीवन के पथ में,
फूलों ने पंखुरियाँ खोलीं,
आँखें करने लगी ठिठोली;
हृदय ने न सम्हाली झोली,
लुटने लगे विकल पागल मन।

उस दिन जब जीवन के पथ में,
छिन्न पात्र में था भर आता
वह रस बरबस था न समाता;
स्वयं चकित-सा समझ न पाता
कहाँ छिपा था, ऐसा मधुवन!

उस दिन जब जीवन के पथ में,
मधु-मंगल की वर्षा होती,
काँटों ने भी पहना मोती,
जिसे बटोर रही थी रोती
आशा, समझ मिला अपना धन।

आँखों से अलख जगाने को

आँखों से अलख जगाने को,
यह आज भैरवी आई है
उषा-सी आँखों में कितनी,
मादकता भरी ललाई है

कहता दिगन्त से मलय पवन
प्राची की लाज भरी चितवन-
है रात घूम आई मधुबन,
यह आलस की अंगराई है

लहरों में यह क्रीड़ा-चंचल,
सागर का उद्वेलित अंचल
है पोंछ रहा आँखें छलछल,
किसने यह चोट लगाई है?

आह रे, वह अधीर यौवन

आह रे, वह अधीर यौवन!

मत्त-मारुत पर चढ़ उद्भ्रांत,
बरसने ज्यों मदिरा अश्रांत-
सिंधु वेला-सी घन मंडली,
अखिल किरणों को ढँककर चली,
भावना के निस्सीम गगन,
बुद्धि-चपला का क्षण-नर्तन-
चूमने को अपना जीवन,
चला था वह अधीर यौवन!
आह रे, वह अधीर यौवन!

अधर में वह अधरों की प्यास,
नयन में दर्शन का विश्वास,
धमनियों में आलिङ्गनमयी–
वेदना लिये व्यथाएँ नयी,
टूटते जिससे सब बंधन,
सरस सीकर से जीवन-कन,
बिखर भर देते अखिल भुवन,
वही पागल अधीर यौवन!
आह रे, वह अधीर यौवन!

मधुर जीवन के पूर्ण विकास,
विश्व-मधु-ऋतु के कुसुम-विकास,
ठहर, भर आँखों देख नयी-
भूमिका अपनी रंगमयी,
अखिल की लघुता आई बन–
समय का सुन्दर वातायन,
देखने को अदृष्ट नर्तन
अरे अभिलाषा के यौवन!
आह रे, वह अधीर यौवन!!

तुम्हारी आँखों का बचपन

तुम्हारी आँखों का बचपन!

खेलता था जब अल्हड़ खेल,
अजिर के उर में भरा कुलेल,
हारता था हँस-हँस कर मन,
आह रे, व्यतीत जीवन!

साथ ले सहचर सरस वसन्त,
चंक्रमण करता मधुर दिगन्त,
गूँजता किलकारी निस्वन,
पुलक उठता तब मलय-पवन।

स्निग्ध संकेतों में सुकुमार,
बिछल,चल थक जाता जब हार,
छिड़कता अपना गीलापन,
उसी रस में तिरता जीवन।

आज भी हैं क्या नित्य किशोर
उसी क्रीड़ा में भाव विभोर
सरलता का वह अपनापन
आज भी हैं क्या मेरा धन!

तुम्हारी आँखों का बचपन!

अब जागो जीवन के प्रभात

अब जागो जीवन के प्रभात!

वसुधा पर ओस बने बिखरे
हिमकन आँसू जो क्षोम भरे
ऊषा बटोरती अरुण गात!

तम-नयनो की ताराएँ सब
मुँद रही किरण दल में हैं अब,
चल रहा सुखद यह मलय वात!

रजनी की लाज समेटी तो,
कलरव से उठ कर भेंटो तो,
अरुणांचल में चल रही वात।

कोमल कुसुमों की मधुर रात

कोमल कुसुमों की मधुर रात!

शशि-शतदल का यह सुख विकास,
जिसमें निर्मल हो रहा हास,
उसकी सांसो का मलय वात!
कोमल कुसुमों की मधुर रात!

वह लाज भरी कलियाँ अनंत,
परिमल-घूँघट ढँक रहा दन्त,
कंप-कंप चुप-चुप कर रही बात.
कोमल कुसुमों की मधुर रात!

नक्षत्र-कुमुद की अलस माल,
वह शिथिल हँसी का सजल जाल-
जिसमें खिल खुलते किरण पात
कोमल कुसुमों की मधुर रात!

कितने लघु-लघु कुडलम अधीर,
गिरते बन शिशिर-सुगंध-नीर,
हों रहा विश्व सुख-पुलक गात

कितने दिन जीवन जल-निधि में

कितने दिन जीवन जल-निधि में

विकल अनिल से प्रेरित होकर
लहरी, कूल चूमने चलकर
उठती गिरती-सी रुक-रुककर
सृजन करेगी छवि गति-विधि में!

कितनी मधु-संगीत-निनादित
गाथाएँ निज ले चिर-संचित
तरल तान गावेगी वंचित!
पागल-सी इस पथ निरवधि में!

दिनकर हिमकर तारा के दल
इसके मुकुर वक्ष में निर्मल
चित्र बनायेंगे निज चंचल!
आशा की माधुरी अवधि में!

मेरी आँखों की पुतली में

मेरी आँखों की पुतली में
तू बनकर प्रान समा जा रे!

जिसके कन-कन में स्पन्दन हो,
मन में मलयानिल चन्दन हो,
करुणा का नव-अभिनन्दन हो
वह जीवन गीत सुना जा रे!

खिंच जाये अधर पर वह रेखा
जिसमें अंकित हो मधु लेखा,
जिसको वह विश्व करे देखा,
वह स्मिति का चित्र बना जा रे!

जग की सजल कालिमा रजनी

जग की सजल कालिमा रजनी में मुखचन्द्र दिखा जाओ
हृदय अँधेरी झोली इनमे ज्योति भीख देने आओ
प्राणों की व्याकुल पुकार पर एक मींड़ ठहरा जाओ
प्रेम वेणु की स्वर- लहरी में जीवन - गीत सुना जाओ

स्नेहालिंगन की लतिकाओं की झुरमुट छा जाने दो
जीवन-धन! इस जले जगत को वृन्दावन बन जाने दो

वसुधा के अंचल पर

वसुधा के अंचल पर
यह क्या कन-कन-सा गया बिखर?
जल शिशु की चंचल कीड़ा-सा,
जैसे सरसिज दल पर।

लालसा निराशा में ढलमल
वेदना और सुख में विह्वल
यह क्या है रे मानव जीवन?
कितना है रहा निखर।

मिलने चलने जब दो कन,
आकर्षण-मय चुम्बन बन,
दल के नस-नस मे बह जाती
लघु-लघु धारा सुन्दर।

हिलता-ढुलता चंचल दल,
ये सब कितने हैं रहे मचल
कन-कन अनन्त अम्बुधि बनते।
कब रुकती लीला निष्ठर।

तब क्यों रे फिर यह सब क्यों?
यह रोष भरी लाली क्यों?
गिरने दे नयनों से उज्जवल
आँसू के कन मनहर।

वसुधा के अंचल पर।

अपलक जगती हो एक रात

अपलक जगती हो एक रात!

सब सोये हों इस भूतल में,
अपनी निरीहता सम्बल में
चलती हो कोई भी न बात!

पथ सोये हों हरियाली में,
हों सुमन सो रहे डाली में,
हो अलस उनींदी नखत पाँत!

नीरव प्रशान्ति का मौन बना,
चुपके किसलय से बिछल छता;
थकता हो पंथी मलय-बात।

वक्षस्थल में जो छिपे हुए
सोते हों हृदय अभाव लिए
उनके स्वप्नों का हो न प्रात।

जगती की मंगलमयी उषा बन

जगती की मंगलमयी उषा बन,
करुणा उस दिन आई थी,
जिसके नव गैरिक अंचल की प्राची में भरी ललाई थी।

भय- संकुल रजनी बीत गई,
भव की व्याकुलता दूर गई,
घन-तिमिर-भार के लिए तड़ित स्वर्गीय किरण बन आई थी।

खिलती पंखुरी पंकज- वन की,
खुल रही आँख ऋषी पत्तन की,
दुख की निर्ममता निरख कुसुम -रस के मिस जो भार आई थी।

कल-कल नादिनी बहती-बहती-
प्राणी दुख की गाथा कहती-
वरूणा द्रव होकर शांति-वारि शीतलता-सी भर लाई थी।

पुलकित मलयानिल कूलो में,
भरता अंजलि था फूलों में ,
स्वागत था अभया वाणी का निष्ठरता लिये बिदाई थी।

उन शांत तपोवन कुंजो में,
कुटियों, त्रिन विरुध पुंजो में,
उटजों में था आलोक भरा कुसुमित लतिका झुक आई थी।

मृग मधुर जुगाली करते से,
खग कलरव में स्वर भरते से,
विपदा से पूछ रहे किसकी पद्ध्वनी सुनने में आई थी।

प्राची का पथिक चला आता ,
नभ पद- पराग से भर जाता,
वे थे पुनीत परमाणु दया ने जिसने सृष्टि बनाई थी।
तप की तारुन्यमयी प्रतिमा,
प्रज्ञा पारमिता की गरिमा,
इस व्यथित विश्व की चेतनता गौतम सजीव बन आई थी।

उस पावन दिन की पुण्यमयी,
स्मृति लिये धारा है धैर्यमयी,

जब धर्म- चक्र के सतत-प्रवर्तन की प्रसन्न ध्वनि छाई थी।

युग-युग की नव मानवता को,
विस्तृत वसुधा की विभुता को,
कल्याण संघ की जन्मभूमि आमंत्रित करती आई थी।

स्मृति-चिन्हों की जर्जरता में,
निष्ठर कर की बर्बरता में,
भूलें हम वह संदेश न जिसने फेरी धर्म दुहाई थी।

चिर तृषित कंठ से तृप्त-विधुर

चिर संचित कंठ से तृप्त-विधुर
वह कौन अकिंचन अति आतुर
अत्यंत तिरस्कृत अर्थ सदृश
ध्वनि कम्पित करता बार-बार,
धीरे से वह उठता पुकार-
मुझको न मिला रे कभी प्यार।

सागर लहरों सा आलिंगन
निष्फल उठकर गिरता प्रतिदिन
जल वैभव है सीमा-विहीन
वह रहा एक कन को निहार,
धीरे से वह उठता पुकार-
मुझको न मिला रे कभी प्यार।

अकरुण वसुधा से एक झलक
वह स्मृत मिलने को रहा ललक
जिसके प्रकाश में सकल कर्म
बनते कोमल उज्जवल उदार,
धीरे से वह उठता पुकार-
मुझको न मिला रे कभी प्यार।

फैलाती है जब उषा राग
जग जाता है उसका विराग
वंचकता, पीड़ा, छ्हिना, मोह
मिलकर बिखेरते अंधकार,
धीरे से वह उठता पुकार-
मुझको न मिला रे कभी प्यार।

ढल विरल डालियाँ भरी मुकुल
झुकती सौरभ रस लिये अतुल
अपने विषद -विष में मूर्छित
काँटों से बिंध कर बार बार,
धीरे से वह उठता पुकार-
मुझको न मिला रे कही प्यार।

जीवन रजनी का अमल इंदु

न मिला स्वाति का एक बिंदु
जो हृदय सीप में मोती बन
पूरा कर देता लक्षहार,
धीरे से वह उठता पुकार-
मुझको न मिला रे कभी प्यार।

पागल रे! वह मिलता है कब
उसको तो देते ही हैं सब
आँसू के कन-कन से गिन कर
यह विश्व लिये है ऋण उधर,
तू क्यों फिर उठता है पुकार?
मुझको न मिला रे कभी प्यार।

काली आँखों का अंधकार

काली आँखों का अन्धकार
तब हो जाता है वार पार,
मद पिये अचेतन कलाकार
उन्मीलित करता क्षितिज पार

वह चित्र! रंग का ले बहार
जिसमें हैं केवल प्यार प्यार!

केवल स्मितिमय चाँदनी रात,
तारा किरनों से पुलक गात,
मधुपों मुकुलों के चले घात,
आता हैं चुपके मलय वात,

सपनों के बादल का दुलार।
तब दे जाता हैं बूँद चार!

तब लहरों-सा उठकर अधीर
तू मधुर व्यथा-सा शून्य चीर,
सूखे किसलय-सा भरा पीर
गिर जा पतझड़ का पा समीर।

पहने छाती पर तरल हार।
पागल पुकार फिर प्यार प्यार!

अरे कहीं देखा है तुमने

अरे कहीं देखा हैं तुमने
मुझे प्यार करनेवाले को?
मेरी आँखों में आकर फिर
आँसू बन ढरनेवाले को?

सूने नभ में आग जलाकर
यह सुवर्ण-सा हृदय गलाकर
जीवन सन्ध्या को नहलाकर
रिक्त जलधि भरनेवाले को?

रजनी के लघु-तम कन में
जगती की ऊष्मा के वन में
उस पर पड़ते तुहिन सघन में
छिप, मुझसे डरनेवाले को?

निष्ठर खेलों पर जो अपने
रहा देखता सुख के सपने
आज लगा है क्या वह कँपने
देख मौन मरनेवाले को?

शशि-सी वह सुन्दर रूप विभा

शशि-सी वह सन्दर रूप विभा
चाहे न मुझे दिखलाना।
उसकी निर्मल शीलत छाया
हिमकन को बिखरा जाना।

संसार स्वप्न बनकर दिन-सा
आया हैं नहीं जगाने,
मेरे जीवन के सुख निशीध!
जाते-जाते रूक जाना।

हाँ, इन जाने की घड़ियों
कुछ ठहर नहीं जाओगे?
छाया पथ में विश्राम नहीं,
है केवल चलते जाना।

मेरा अनुराग फैलने दो,
नभ के अभिनव कलरव में,
जाकर सूनेपन के तम में
बन किरन कभी आ जाना।

अरे! आ गई है भूली-सी

अरे! आ गई है भूली-सी-
यह मधु ऋतु दो दिन को,
छोटी सी कुटिया मैं रच दूं,
नयी व्यथा-साथिन को!

वसुधा नीचे ऊपर नभ हो,
नीड़ अलग सबसे हो,
झारखण्ड के चिर पतझड में
भागो सूखे तिनको!

आशा से अंकुर झूलेंगे
पल्लव पुलकित होंगे,
मेरे किसलय का लघु भव यह,
आह, खलेगा किन को?

सिहर भरी कपती आवेंगी
मलयानिल की लहरें,
चुम्बन लेकर और जगाकर-
मानस नयन नलिन को

जवा- कुसुम -सी उषा खिलेगी
मेरी लघु प्राची में,
हँसी भरे उस अरुण अधर का
राग रंगेगा दिन को

अंधकार का जलधि लांघकर
आवेंगी शशि- किरणे,
अंतरिक्ष छिरकेगा कन-कन
निशि में मधुर तुहिन को

एक एकांत सृजन में कोई
कुछ बाधा मत डालो,
जो कुछ अपने सुंदर से हैं
दे देने दो इनको

निधरक तूने ठुकराया तब

निधरक तूने ठुकराया तब
मेरी टूटी मधु प्याली को,
उसके सूखे अधर माँगते
तेरे चरणों की लाली को।

जीवन-रस के बचे हुए कन,
बिखरे अम्बर में आँसू बन,
वही दे रहा था सावन घन
वसुधा की इस हरियाली को।

निदय हृदय में हूक उठी क्या,
सोकर पहली चूक उठी क्या,
अरे कसक वह कूक उठी क्या,
झंकृत कर सूखी डाली को?

प्राणों के प्यासे मतवाले
ओ झंझा से चलनेवाले।
ढलें और विस्मृति के प्याले,
सोच न कृति मिटनेवाली को।

ओ री मानस की गहराई

ओ री मानस की गहराई!

तू सुप्त, शान्त कितनी शीतल
निर्वात मेघ ज्यों पूरित जल
नव मुकुर नीलमणि फलक अमल,
ओ पारदर्शिका! चिर चंचल
यह विश्व बना हैं परछाई!

तेरा विषाद द्रव तरल-तरल
मूर्च्छित न रहे ज्यों पिये गरल
सुख-लहर उठा री सरल-सरल
लघु-लघु सुन्दर-सुन्दर अविरल,
तू हँस जीवन की सुधराई!

हँस, झिलमिल हो लें तारा गन,
हँस खिले कुंज में सकल सुमन,
हँस, बिखरें मधु मरन्द के कन,
बनकर संसृति के तव श्रम कन,
सब कहें दें 'वह राका आई!'

हँस ले भय शोक प्रेम या रण,
हँस ले काला पट ओढ़ मरण,
हँस ले जीवन के लघु-लघु क्षण,
देकर निज चुम्बन के मधुकण,
नाविक अतीत की उत्तराई!

मधुर माधवी संध्या में

मधुर माधवी संध्या मे जब रागारुण रवि होता अस्त,
विरल मृदल दलवाली डालों में उलझा समीर जब व्यस्त,

प्यार भरे शमालम अम्बर में जब कोकिल की कूक अधीर
नृत्य शिथिल बिछली पड़ती है वहन कर रहा है उसे समीर

तब क्यों तू अपनी आँखों में जल भरकर उदास होता,
और चाहता इतना सूना-कोई भी न पास होता,

वंचित रे! यह किस अतीत की विकल कल्पना का परिणाम?
किसी नयन की नील दिशा में क्या कर चुका विश्राम?

क्या झंकृत हो जाते हैं उन स्मृति किरणों के टूटे तार?
सूने नभ में स्वर तरंग का फैलाकर मधु पारावार,

नक्षत्रों से जब प्रकाश की रश्मि खेलने आती हैं,
तब कमलों की-सी जब सन्ध्या क्यों उदास हो जाती है?

अंतरिक्ष में अभी सो रही है

अंतरिक्ष में अभी सो रही है उषा मधुबाला,
अरे खुली भी अभी नहीं तो प्राची की मधुशाला।

सोता तारक-किरन-पुलक रोमावली मलयज वात,
लेते अंगराई नीड़ों में अलस विहंग मृदु गात,
रजनि रानी की बिखरी है म्लान कुसुम की माला,
अरे भिखारी! तू चल पड़ता लेकर टुटा प्याला।

गूंज उठी तेरी पुकार- 'कुछ मुझको भी दे देना-
कन-कन बिखरा विभव दान कर अपना यश ले लेना'

दुख-सुख के दोनों डग भरता वहन कर रहा गात,
जीवन का दिन पथ चलने में कर देगा तू रात,

तू बढ़ जाता अरे अकिंचन,छोड़ करुण स्वर अपना,
सोने वाले जग कर देंखें अपने सुख का सपना।

शेरसिंह का शस्त्र समर्पण

"ले लो यह शस्त्र है
गौरव ग्रहण करने का रहा कर मैं--
अब तो ना लेश मात्र
लाल सिंह! जीवित कलुष पंचनद का
देख दिये देता है
सिंहों का समूह नख-दंत आज अपना"

"अरी, रण - रंगिनी!
कपिशा हुई थी लाल तेरा पानी पान कर

दुर्मद तुरंत धर्म दस्युओं की त्रासिनी--
निकल,चली जा त प्रतारणा के कर से"

"अरी वह तेरी रही अंतिम जलन क्या?
तोपें मुँह खोले खड़ी देखती थी तरस से
चिलियानवाला में
आज के पराजित तो विजयी थे कल ही,
उनके स्मर वीर कल में तु नाचती
लप-लप करती थी --जीभ जैसे यम की
उठी तू न लूट त्रास भय से प्रचार को,
दारुण निराशा भरी आँखों से देखकर
दप्त अत्याचार को
एक पुत्र-वत्सला दुराशामयी विधवा
प्रकट पुकार उठी प्राण भरी पीड़ा से--
और भी;

जन्मभूमि, दलित विकल अपमान से
त्रस्त हो कराहती थी
कैसे फिर रुकती?"
"आज विजयी हों तुमऔर हैं पराजित हम
तुम तो कहोगे, इतिहास भी कहेगा यही,
किन्तु यह विजय प्रशंसा भरी मन की--एक छलना है.
वीर भूमि पंचनद वीरता से रिक्त नहीं.
काठ के हों गोले जहाँ
आटा बारूद हों;
और पीठ पर हों दुरंत दंशनो का तरस

छाती लडती हो भरी आग,बाहु बल से
उस युद्ध में तो बस मृत्यु ही विजय है.
सतलज के तटपर मृत्यु श्यामसिंह की--
देखी होगी तुमने भी वृद्ध वीर मूर्ति वह,
तोड़ा गया पुल प्रत्यावर्तन के पथ में
अपने प्रवंचको से
लिखता अदृष्ट था विधाता वाम कर से
छल में विलीन बल--बल में विषाद था --
विकल विलास का
यवनों के हाथों से स्वतंत्रता को छीन कर
खेलता था यौवन-विलासी मत्त पंचनद--
प्रणय-विहीन एक वासना की छाया में
फिर भी लड़े थे हम निज प्राण-पण से
कहेगी शतद्रु शत-संगरों की साक्षिणी,
सिक्ख थे सजीव--
स्वत्व-रक्षा में प्रबुद्ध थे
जीना जानते थे
मरने को मानते थे सिक्ख
किन्तु, आज उनका अतीत वीर-गाथा हुई--
जीत होती जिसकी
वही है आज हारा हुआ
"उर्जस्वित रक्त और उमंग भरा मन था
जिन युवकों के मणिबंधों में अबंध बल
इतना भरा था जो
उलटता शतध्वनियों को
गोले जिनके थे गेंद
अग्निमयी क्रीड़ा थी
रक्त की नदी में सिर ऊँचा छाती कर
तैरते थे
वीर पंचनद के सपूत मातृभूमि के
सो गए प्रतारना की थपकी लगी उन्हें
छल-बलिवेदी पर आज सब सो गए
पुतली प्रणयिनी का बाहुपाश खोलकर ,
दूध भरी दूध-सी दुलार भरी माँ गोद
सूनी कर सो गए
हुआ है सुना पंचनद
भिक्षा नहीं मांगता हूँ
आज इन प्राणों की
क्योंकि, प्राण जिसका आहार, वही इसकी
रखवाली आप करता है, महाकाल ही;
शेर पंचनद का प्रवीर रणजीतसिंह
आज मरता है देखो;
सो रहा पंचनद आज उसी शोक में.

यह तलवार लो
ले लो यह थाती है"

पेशोला की प्रतिध्वनि

१

अरुण करुण बिम्ब!
वह निर्धूम भस्म रहित ज्वलन पिंड!
विकल विवर्तनों से
विरल प्रवर्तनों में
श्रमित नमित सा-
पश्चिम के व्योम में है आज निरवलम्ब सा
आहुतियाँ विश्व की अजस्र से लुटाता रहा-
सतत सहस्त्र कर माला से-
तेज ओज बल जो व्दंयता कदम्ब-सा

२

पेशोला की उर्मियाँ हैं शांत,घनी छाया में-
तट तरु है चित्रित तरल चित्रसारी में
झोपड़े खड़े हैं बने शिल्प से विषाद के-
दग्ध अवसाद से
धूसर जलद खंड भटक पड़े हों-
जैसे विजन अनंत में
कालिमा बिखरती है संध्या के कलंक सी,
दुन्दभि-मृदंग-तूर्य शांत स्तब्ध, मौन हैं

३

फिर भी पुकार सी है गूँज रही व्योम में-
"कौन लेगा भार यह?
कौन विचलेगा नहीं?
दुर्बलता इस अस्थिमांस की -
ठोंक कर लोहे से, परख कर वज्र से,
प्रलयोल्का खंड के निकष पर कस कर
चूर्ण अस्थि पुंज सा हँसेगा अट्टहास कौन?
साधना पिशाचों की बिखर चूर-चूर होके
धूलि सी उड़ेगी किस दप्त फूत्कार से?

४

कौन लेगा भार यह?
जीवित है कौन?
साँस चलती है किसकी
कहता है कौन ऊँची छाती कर, मैं हूँ-
मैं हूँ- मेवाड़ में,

अरावली श्रृंग-सा समुन्नत सिर किसका?
बोलो कोई बोलो-अरे क्या तुम सब मृत हो?

५

आह, इस खेवा की!-
कौन थमता है पतवार ऐसे अंधर में
अंधकार-पारावार गहन नियति-सा-
उमड़ रहा है ज्योति-रेखा-हीन क्षुब्ध हो!
खींच ले चला है-
काल-धीवर अनंत में,
साँस सिफरि सी अटकी है किसी आशा में

६

आज भी पेशोला के-
तरल जल मंडलों में,
वही शब्द घूमता सा-
गूँजता विकल है
किन्तु वह ध्वनि कहाँ?
गौरव की काया पड़ी माया है प्रताप की
वही मेवाड़!
किन्तु आज प्रतिध्वनि कहाँ है?"

बीती विभावरी जाग री

बीती विभावरी जाग री!

अम्बर पनघट में डूबो रही
तारा-घट उषा नागरी।

खग-कुल कुल कुल-सा बोल रहा,
किसलय का अंचल डोल रहा,
लो यह लतिका भी भर लाई
मधु मुकुल नवल रस गागरी।

अधरों में राग अमन्द पिये,
अलकों में मलयज बन्द किये
तू अब तक सोई है आली।
आँखों मे भरे विहाग री!

आंसू

आंसू

इस करुणा कलित हृदय में
अब विकल रागिनी बजती
क्यों हाहाकार स्वरों में
वेदना असीम गरजती?

मानस सागर के तट पर
क्यों लोल लहर की घातें
कल कल ध्वनि से हैं कहती
कुछ विस्मृत बीती बातें?

आती हैं शून्य क्षितिज से
क्यों लौट प्रतिध्वनि मेरी
टकराती   बिलखाती-सी
पगली-सी   देती   फेरी?

क्यों व्यथित व्योम गंगा-सी
छिटका   कर   दोनों   छोरें
चेतना   तरंगिनी   मेरी
लेती   हैं   मृदल   हिलोरें?

बस गयी एक बस्ती हैं
स्मृतियों की इसी हृदय में
नक्षत्र   लोक   फैला   है
जैसे इस नील निलय में।

ये सब स्फुलिंग हैं मेरी
इस ज्वालामयी जलन के
कुछ शेष चिह्न हैं केवल
मेरे उस महा मिलन के।

शीतल ज्वाला जलती हैं
ईधन होता दृग जल का
यह व्यर्थ साँस चल-चल कर
करती हैं काम अनिल का।

बाड़व ज्वाला सोती थी
इस प्रणय सिन्धु के तल में
प्यासी मछली-सी आँखें
थी विकल रूप के जल में।

बुलबुले सिन्धु के फूटे
नक्षत्र मालिका टूटी
नभ मुक्त कुन्तला धरणी
दिखलाई देती लूटी।

छिल-छिल कर छाले फोड़े
मल-मल कर मृदुल चरण से
धुल-धुल कर बह रह जाते
आँसू करुणा के कण से।

इस विकल वेदना को ले
किसने सुख को ललकारा
वह एक अबोध अकिंचन
बेसुध चैतन्य हमारा।

अभिलाषाओं की करवट
फिर सुप्त व्यथा का जगना
सुख का सपना हो जाना
भींगी पलकों का लगना।

इस हृदय कमल का घिरना
अलि अलकों की उलझन में
आँसू मरन्द का गिरना
मिलना निश्वास पवन में।

मादक थी मोहमयी थी
मन बहलाने की क्रीड़ा
अब हृदय हिला देती है
वह मधुर प्रेम की पीड़ा।

सुख आहत शान्त उमंगें
बेगार साँस ढोने में
यह हृदय समाधि बना हैं
रोती करुणा कोने में।

चातक की चकित पुकारें
श्यामा ध्वनि सरल रसीली
मेरी करुणार्द्र कथा की

टुकड़ी आँसू से गीली।

अवकाश भला हैं किसको,
सुनने को करुण कथाएँ
बेसुध जो अपने सुख से
जिनकी हैं सुप्त व्यथाएँ

जीवन की जटिल समस्या
हैं बढ़ी जटा-सी कैसी
उड़ती हैं धूल हृदय में
किसकी विभूति हैं ऐसी?

जो घनीभूत पीड़ा थी
मस्तक में स्मृति-सी छायी
दुर्दिन में आँसू बनकर
वह आज बरसने आयी।

मेरे क्रन्दन में बजती
क्या वीणा, जो सुनते हो
धागों से इन आँसू के
निज करुणापट बुनते हो।

रो-रोकर सिसक-सिसक कर
कहता मैं करुण कहानी
तुम सुमन नोचते सुनते
करते जानी अनजानी।

मैं बल खाता जाता था
मोहित बेसुध बलिहारी
अन्तर के तार खिंचे थे
तीखी थी तान हमारी

झंझा झकोर गर्जन था
बिजली थी सी नीरदमाला,
पाकर इस शून्य हृदय को
सबने आ डेरा डाला।

घिर जाती प्रलय घटाएँ
कुटिया पर आकर मेरी
तम चूर्ण बरस जाता था
छा जाती अधिक अँधेरी।

बिजली माला पहने फिर

मुसक्याता था आँगन में
हाँ, कौन बरस जाता था
रस बूँद हमारे मन में?

तुम सत्य रहे चिर सुन्दर!
मेरे इस मिथ्या जग के
थे केवल जीवन संगी
कल्याण कलित इस मग के।

कितनी निर्जन रजनी में
तारों के दीप जलाये
स्वर्गंगा की धारा में
उज्जवल उपहार चढायें।

गौरव था , नीचे आये
प्रियतम मिलने को मेरे
मै इठला उठा अकिंचन
देखे ज्यों स्वप्न सवेरे।

मधु राका मुसक्याती थी
पहले देखा जब तुमको
परिचित से जाने कब के
तुम लगे उसी क्षण हमको।

परिचय राका जलनिधि का
जैसे होता हिमकर से
ऊपर से किरणें आती
मिलती हैं गले लहर से।

मै अपलक इन नयनों से
निरखा करता उस छवि को
प्रतिभा डाली भर लाता
कर देता दान सुकवि को।

निर्झर-सा झिर झिर करता
माधवी कुंज छाया में
चेतना बही जाती थी
हो मन्त्र मुग्ध माया में।

पतझड़ था, झाड़ खड़े थे
सूखी-सी फूलवारी में
किसलय नव कुसुम बिछा कर
आये तुम इस क्यारी में।

शशि मुख पर घूँघट डाले
अंचल में चपल चमक-सी
आँखों मे काली पुतली
पुतली में श्याम झलक-सी।

प्रतिमा में सजीवता-सी
बस गयी सुछवि आँखों में
थी एक लकीर हृदय में
जो अलग रही लाखों में।

माना कि रूप सीमा हैं
सुन्दर! तव चिर यौवन में
पर समा गये थे, मेरे
मन के निस्सीम गगन में।

लावण्य शैल राई-सा
जिस पर वारी बलिहारी
उस कमनीयता कला की
सुषमा थी प्यारी-प्यारी।

बाँधा था विधु को किसने
इन काली जंजीरों से
मणि वाले फणियों का मुख
क्यों भरा हुआ हीरों से?

काली आँखों में कितनी
यौवन के मद की लाली
मानिक मदिरा से भर दी
किसने नीलम की प्याली?

तिर रही अतृप्ति जलधि में
नीलम की नाव निराली
कालापानी वेला-सी
हैं अंजन रेखा काली।

अंकित कर क्षितिज पटी को
तूलिका बरौनी तेरी
कितने घायल हृदयों की
बन जाती चतुर चितेरी।

कोमल कपोल पाली में
सीधी सादी स्मित रेखा

जानेगा वही कुटिलता
जिसमें भौं में बल देखा।

विद्रुम सीपी सम्पुट में
मोती के दाने कैसे
हैं हंस न, शुक यह, फिर क्यों
चुगने की मुद्रा ऐसे?

विकसित सरसित वन-वैभव
मधु-ऊषा के अंचल में
उपहास करावे अपना
जो हँसी देख ले पल में!

मुख-कमल समीप सजे थे
दो किसलय से पुरइन के
जलबिन्द सदृश ठहरे कब
उन कानों में दुख किनके?

थी किस अनंग के धनु की
वह शिथिल शिंजिनी दुहरी
अलबेली बाहुलता या
तनु छवि सर की नव लहरी?

चंचला स्नान कर आवे
चंद्रिका पर्व में जैसी
उस पावन तन की शोभा
आलोक मधुर थी ऐसी!

छलना थी, तब भी मेरा
उसमें विश्वास घना था
उस माया की छाया में
कुछ सच्चा स्वयं बना था।

वह रूप रूप ही केवल
या रहा हृदय भी उसमें
जड़ता की सब माया थी
चैतन्य समझ कर मुझमें।

मेरे जीवन की उलझन
बिखरी थी उनकी अलकें
पी ली मधु मदिरा किसने
थी बन्द हमारी पलकें।

ज्यों-ज्यों उलझन बढ़ती थी
बस शान्ति विहँसती बैठी
उस बन्धन में सुख बँधता
करुणा रहती थी ऐंठी।

हिलते द्रुमदल कल किसलय
देती गलबाँही डाली
फूलों का चुम्बन, छिड़ती
मधुप की तान निराली।

मुरली मुखरित होती थी
मुकुलों के अधर बिहँसते
मकरन्द भार से दब कर
श्रवणों में स्वर जा बसते।

परिरम्भ कुम्भ की मदिरा
निश्वास मलय के झोंके
मुख चन्द्र चाँदनी जल से
मैं उठता था मुँह धोके।

थक जाती थी सुख रजनी
मुख चन्द्र हृदय में होता
श्रम सीकर सदृश नखत से
अम्बर पट भीगा होता।

सोयेगी कभी न वैसी
फिर मिलन कुंज में मेरे
चाँदनी शिथिल अलसायी
सुख के सपनों से तेरे।

लहरों में प्यास भरी है
है भँवर पात्र भी खाली
मानस का सब रस पी कर
लुढ़का दी तुमने प्याली।

किंजल्क जाल हैं बिखरे
उड़ता पराग हैं रूखा
हैं स्नेह सरोज हमारा
विकसा, मानस में सूखा।

छिप गयी कहाँ छू कर वे
मलयज की मृदु हिलोरें
क्यों घूम गयी हैं आ कर

करुणा कटाक्ष की कोरें।

विस्मृति हैं, मादकता हैं
मूर्च्छना भरी हैं मन में
कल्पना रही, सपना था
मुरली बजती निर्जन में।

हीरे-सा हृदय हमारा
कुचला शिरीष कोमल ने
हिमशीतल प्रणय अनल बन
अब लगा विरह से जलने।

अलियों से आँख बचा कर
जब कुंज संकुचित होते
धुँधली संध्या प्रत्याशा
हम एक-एक को रोते।

जल उठा स्नेह, दीपक-सा,
नवनीत हृदय था मेरा
अब शेष धूमरेखा से
चित्रित कर रहा अँधेरा।

नीरव मुरली, कलरव चुप
अलिकुल थे बन्द नलिन में
कालिन्दी वही प्रणय की
इस तममय हृदय पुलिन में।

कुसुमाकर रजनी के जो
पिछले पहरों में खिलता
उस मृदुल शिरीष सुमन-सा
मैं प्रात धूल में मिलता।

व्याकुल उस मधु सौरभ से
मलयानिल धीरे-धीरे
निश्वास छोड़ जाता हैं
अब विरह तरंगिनि तीरे।

चुम्बन अंकित प्राची का
पीला कपोल दिखलाता
मैं कोरी आँख निरखता
पथ, प्रात समय सो जाता।

श्यामल अंचल धरणी का

भर मुक्ता आँसू कन से
छूँछा बादल बन आया
मैं प्रेम प्रभात गगन से।

विष प्याली जो पी ली थी
वह मदिरा बनी नयन में
सौन्दर्य पलक प्याले का
अब प्रेम बना जीवन में।

कामना सिन्धु लहराता
छवि पूरनिमा थी छाई
रतनाकर बनी चमकती
मेरे शशि की परछाई।

छायानट छवि-परदे में
सम्मोहन वेणु बजाता
सन्ध्या-कुहुकिनी-अंचल में
कौतुक अपना कर जाता।

मादकता से आये तुम
संझा से चले गये थे
हम व्याकुल पड़े बिलखते
थे, उतरे हुए नशे से।

अम्बर असीम अन्तर में
चंचल चपला से आकर
अब इन्द्रधनुष-सी आभा
तुम छोड़ गये हो जाकर।

मकरन्द मेघ माला-सी
वह स्मृति मदमाती आती
इस हृदय विपिन की कलिका
जिसके रस से मुसक्याती।

हैं हृदय शिशिरकण पूरित
मधु वर्षा से शशि! तेरी
मन मन्दिर पर बरसाता
कोई मुक्ता की ढेरी।

शीतल समीर आता हैं
कर पावन परस तुम्हारा
मैं सिहर उठा करता हूँ
बरसा कर आँसू धारा

मधु मालतियाँ सोती हैं
कोमल उपधान सहारे
मैं व्यर्थ प्रतीक्षा लेकर
गिनता अम्बर के तारे।

निष्ठर! यह क्या छिप जाना?
मेरा भी कोई होगा
प्रत्याशा विरह-निशा की
हम होगे औ' दुख होगा।

जब शान्त मिलन सन्ध्या को
हम हेम जाल पहनाते
काली चादर के स्तर का
खुलना न देखने पाते।

अब छुटता नहीं छुड़ाये
रंग गया हृदय हैं ऐसा
आँसू से धुला निखरता
यह रंग अनोखा कैसा!

कामना कला की विकसी
कमनीय मूर्ति बन तेरी
खिंचती हैं हृदय पटल पर
अभिलाषा बनकर मेरी।

मणि दीप लिये निज कर में
पथ दिखलाने को आये
वह पावक पुंज हुआ अब
किरनों की लट बिखराये।

बढ़ गयी और भी ऊँठी
रूठी करुणा की वीणा
दीनता दर्प बन बैठी
साहस से कहती पीड़ा।

यह तीव्र हृदय की मदिरा
जी भर कर-छक कर मेरी
अब लाल आँख दिखलाकर
मुझको ही तुमने फेरी।

नाविक! इस सूने तट पर

किन लहरों में खे लाया
इस बीहड़ बेला में क्या
अब तक था कोई आया।

उस पार कहाँ फिर आऊँ
तम के मलीन अंचल में
जीवन का लोभ नहीं, वह
वेदना छद्ममय छल में।

प्रत्यावर्तन के पथ में
पद-चिह्न न शेष रहा है।
डूबा है हृदय मरूस्थल
आँसू नद उमड़ रहा है।

अवकाश शून्य फैला है
है शक्ति न और सहारा
अपदार्थ तिरूँगा मैं क्या
हो भी कुछ कूल किनारा।

तिरती थी तिमिर उदधि में
नाविक! यह मेरी तरणी
मुखचन्द्र किरण से खिंचकर
आती समीप हो धरणी।

सूखे सिकता सागर में
यह नैया मेरे मन की
आँसू का धार बहाकर
खे चला प्रेम बेगुन की।

यह पारावार तरल हो
फेनिल हो गरल उगलता
मथ डाला किस तृष्णा से
तल में बड़वानल जलता।

निश्वास मलय में मिलकर
छाया पथ छू आयेगा
अन्तिम किरणें बिखराकर
हिमकर भी छिप जायेगा।

चमकूँगा धूल कणों में
सौरभ हो उड़ जाऊँगा
पाऊँगा कहीं तुम्हें तो
ग्रहपथ में टकराऊँगा।

इस यान्त्रिक जीवन में क्या
ऐसी थी कोई क्षमता
जगती थी ज्योति भरी-सी।
तेरी सजीवता ममता।

हैं चन्द्र हृदय में बैठा
उस शीतल किरण सहारे
सौन्दर्य सुधा बलिहारी
चुगता चकोर अंगारे।

बलने का सम्बल लेकर
दीपक पतंग से मिलता
जलने की दीन दशा में
वह फूल सदृश हो खिलता!

इस गगन यूथिका वन में
तारे जूही से खिलते
सित शतदल से शशि तुम क्यों
उनमे जाकर हो मिलते?

मत कहो कि यही सफलता
कलियों के लघु जीवन की
मकरंद भरी खिल जायें
तोड़ी जाये बेमन की।

यदि दो घड़ियों का जीवन
कोमल वृन्तों में बीते
कुछ हानि तुम्हारी है क्या
चुपचाप चू पड़े जीते!

सब सुमन मनोरथ अंजलि
बिखरा दी इन चरणों में
कुचलो न कीट-सा, इनके
कुछ हैं मकरन्द कणों में।

निर्मोह काल के काले-
पट पर कुछ अस्फुट रेखा
सब लिखी पड़ी रह जाती
सुख-दुख मय जीवन रेखा।

दुख-सुख में उठता गिरता
संसार तिरोहित होगा

मुड़कर न कभी देखेगा
किसका हित अनहित होगा।

मानस जीवन वेदी पर
परिणय हो विरह मिलन का
दुख-सुख दोनों नाचेंगे
है खेल आँख का मन का।

इतना सुख ले पल भर में
जीवन के अन्तस्तल से
तुम खिसक गये धीरे-से
रोते अब प्राण विकल से।

क्यों छलक रहा दुख मेरा
ऊषा की मृदु पलकों में
हाँ, उलझ रहा सुख मेरा
सन्ध्या की घन अलकों में।

लिपटे सोते थे मन में
सुख-दुख दोनों ही ऐसे
चन्द्रिका अँधेरी मिलती
मालती कुंज में जैसे।

अवकाश असीम सुखों से
आकाश तरंग बनाता
हँसता-सा छायापथ में
नक्षत्र समाज दिखाता।

नीचे विपुला धरणी हैं
दुख भार वहन-सी करती
अपने खारे आँसू से
करुणा सागर को भरती।

धरणी दुख माँग रही हैं
आकाश छीनता सुख को
अपने को देकर उनको
हूँ देख रहा उस मुख को।

इतना सुख जो न समाता
अन्तरिक्ष में, जल थल में
उनकी मुट्ठी में बन्दी
था आश्वासन के छल में।

दुख क्या था उनको, मेरा
जो सुख लेकर यों भागे
सोते में चुम्बन लेकर
जब रोम तनिक-सा जागे।

सुख मान लिया करता था
जिसका दुख था जीवन में
जीवन में मृत्यु बसी हैं
जैसे बिजली हो घन में।

उनका सुख नाच उठा है
यह दुख द्रुम दल हिलने से
ऋंगार चमकता उनका
मेरी करुणा मिलने से।

हो उदासीन दोनों से
दुख-सुख से मेल कराये
ममता की हानि उठाकर
दो रूठे हुए मनाये।

चढ़ जाय अनन्त गगन पर
वेदना जलद की माला
रवि तीव्र ताप न जलाये
हिमकर को हो न उजाला।

नचती है नियति नटी-सी
कन्दक-क्रीड़ा-सी करती
इस व्यथित विश्व आँगन में
अपना अतृप्त मन भरती।

सन्ध्या की मिलन प्रतीक्षा
कह चलती कुछ मनमानी
ऊषा की रक्त निराशा
कर देती अन्त कहानी।

"विभ्रम मदिरा से उठकर
आओ तम मय अन्तर में
पाओगे कुछ न,टटोलो
अपने बिन सूने घर में।

इस शिथिल आह से खिंचकर
तुम आओगे-आओगे
इस बढ़ी व्यथा को मेरी

रोओगे   अपनाओगे।"

वेदना विकल फिर आई
मेरी चौदहो भुवन में
सुख कहीं न दिया दिखाई
विश्राम कहाँ जीवन में!

उच्छ्वास और आँसू में
विश्राम थका सोता है
रोई आँखों में निद्रा
बनकर सपना होता है।

निशि, सो जावें जब उर में
ये हृदय व्यथा आभारी
उनका उन्माद सुनहला
सहला देना सुखकारी।

तुम स्पर्श हीन अनुभव-सी
नन्दन तमाल के तल से
जग छा दो श्याम-लता-सी
तन्द्रा पल्लव विह्वल से।

यह पारावार तरल हो
फेनिल हो गरल उगलता
मथ डाला किस तृष्णा से
तल में बड़वानल जलता।

निश्वास मलय में मिलकर
छाया पथ छू आयेगा
अन्तिम किरणें बिखराकर
हिमकर भी छिप जायेगा।

चमकूँगा धूल कणों में
सौरभ हो उड़ जाऊँगा
पाऊँगा कहीं तुम्हें तो
ग्रहपथ मे टकराऊँगा।

इस यान्त्रिक जीवन में क्या
ऐसी थी कोई क्षमता
जगती थी ज्योति भरी-सी।
तेरी सजीवता ममता।

हैं चन्द्र हृदय में बैठा

उस शीतल किरण सहारे
सौन्दर्य सुधा बलिहारी
चुगता चकोर अंगारे।

बलने का सम्बल लेकर
दीपक पतंग से मिलता
जलने की दीन दशा में
वह फूल सदृश हो खिलता!

इस गगन यूथिका वन में
तारे जूही से खिलते
सित शतदल से शशि तुम क्यों
उनमे जाकर हो मिलते?

मत कहो कि यही सफलता
कलियों के लघु जीवन की
मकरंद भरी खिल जायें
तोड़ी जाये बेमन की।

यदि दो घड़ियों का जीवन
कोमल वृन्तों में बीते
कुछ हानि तुम्हारी है क्या
चुपचाप चू पड़े जीते!

सब सुमन मनोरथ अंजलि
बिखरा दी इन चरणों में
कुचलो न कीट-सा, इनके
कुछ हैं मकरन्द कणों में।

निर्मोह काल के काले-
पट पर कुछ अस्फुट रेखा
सब लिखी पड़ी रह जाती
सुख-दुख मय जीवन रेखा।

दुख-सुख में उठता गिरता
संसार तिरोहित होगा
मुड़कर न कभी देखेगा
किसका हित अनहित होगा।

मानस जीवन वेदी पर
परिणय हो विरह मिलन का
दुख-सुख दोनों नाचेंगे
हैं खेल आँख का मन का।

इतना सुख ले पल भर में
जीवन के अन्तस्तल से
तुम खिसक गये धीरे-से
रोते अब प्राण विकल से।

क्यों छलक रहा दुख मेरा
ऊषा की मृदु पलकों में
हाँ, उलझ रहा सुख मेरा
सन्ध्या की घन अलकों में।

लिपटे सोते थे मन में
सुख-दुख दोनों ही ऐसे
चन्द्रिका अँधेरी मिलती
मालती कुंज में जैसे।

अवकाश असीम सुखों से
आकाश तरंग बनाता
हँसता-सा छायापथ में
नक्षत्र समाज दिखाता।

नीचे विपुला धरणी हैं
दुख भार वहन-सी करती
अपने खारे आँसू से
करुणा सागर को भरती।

धरणी दुख माँग रही हैं
आकाश छीनता सुख को
अपने को देकर उनको
हूँ देख रहा उस मुख को।

इतना सुख जो न समाता
अन्तरिक्ष में, जल थल में
उनकी मुट्ठी में बन्दी
था आश्वासन के छल में।

दुख क्या था उनको, मेरा
जो सुख लेकर यों भागे
सोते में चुम्बन लेकर
जब रोम तनिक-सा जागे।

सुख मान लिया करता था
जिसका दुख था जीवन में

जीवन में मृत्यु बसी हैं
जैसे बिजली हो घन में।

उनका सुख नाच उठा है
यह दुख द्रुम दल हिलने से
ऋंगार चमकता उनका
मेरी करुणा मिलने से।

हो उदासीन दोनों से
दुख-सुख से मेल कराये
ममता की हानि उठाकर
दो रूठे हुए मनाये।

चढ़ जाय अनन्त गगन पर
वेदना जलद की माला
रवि तीव्र ताप न जलाये
हिमकर को हो न उजाला।

नचती है नियति नटी-सी
कन्दक-क्रीड़ा-सी करती
इस व्यथित विश्व आँगन में
अपना अतृप्त मन भरती।

सन्ध्या की मिलन प्रतीक्षा
कह चलती कुछ मनमानी
ऊषा की रक्त निराशा
कर देती अन्त कहानी।

"विभ्रम मदिरा से उठकर
आओ तम मय अन्तर में
पाओगे कुछ न,टटोलो
अपने बिन सूने घर में।

इस शिथिल आह से खिंचकर
तुम आओगे-आओगे
इस बढ़ी व्यथा को मेरी
रोओगे अपनाओगे।"

वेदना विकल फिर आई
मेरी चौदहो भुवन में
सुख कहीं न दिया दिखाई
विश्राम कहाँ जीवन में!

उच्छ्वास और आँसू में
विश्राम थका सोता है
रोई आँखों में निद्रा
बनकर सपना होता है।

निशि, सो जावें जब उर में
ये हृदय व्यथा आभारी
उनका उन्माद सुनहला
सहला देना सुखकारी।

तुम स्पर्श हीन अनुभव-सी
नन्दन तमाल के तल से
जग छा दो श्याम-लता-सी
तन्द्रा पल्लव विह्वल से।

सपनों की सोनजुही सब
बिखरें, ये बनकर तारा
सित सरसित से भर जावे
वह स्वर्ग गंगा की धारा

नीलिमा शयन पर बैठी
अपने नभ के आँगन में
विस्मृति की नील नलिन रस
बरसो अपांग के घन से।

चिर दग्ध दुखी यह वसुधा
आलोक माँगती तब भी
तम तुहिन बरस दो कन-कन
यह पगली सोये अब भी।

विस्मृति समाधि पर होगी
वर्षा कल्याण जलद की
सुख सोये थका हुआ-सा
चिन्ता छुट जाय विपद की।

चेतना लहर न उठेगी
जीवन समुद्र थिर होगा
सन्ध्या हो सर्ग प्रलय की
विच्छेद मिलन फिर होगा।

रजनी की रोई आँखें
आलोक बिन्द टपकाती
तम की काली छलनाएँ

उनको चुप-चुप पी जाती।

सुख अपमानित करता-सा
जब व्यंग हँसी हँसता है
चुपके से तब मत रो तू
यब कैसी परवशता है।

अपने आँसू की अंजलि
आँखो से भर क्यों पीता
नक्षत्र पतन के क्षण में
उज्जवल होकर है जीता।

वह हँसी और यह आँसू
घुलने दे-मिल जाने दे
बरसात नई होने दे
कलियों को खिल जाने दे।

चुन-चुन ले रे कन-कन से
जगती की सजग व्यथाएँ
रह जायेंगी कहने को
जन-रंजन-करी   कथाएँ।

जब नील दिशा अंचल में
हिमकर थक सो जाते हैं
अस्ताचल की घाटी में
दिनकर भी खो जाते हैं।

नक्षत्र डूब जाते हैं
स्वर्गंगा की धारा में
बिजली बन्दी होती जब
कादम्बिनी की कारा में।

मणिदीप विश्व-मन्दिर की
पहने किरणों की माला
तुम अकेली तब भी
जलती हो मेरी ज्वाला।

उत्ताल जलधि वेला में
अपने सिर शैल उठाये
निस्तब्ध गगन के नीचे
छाती में जलन छिपाये

संकेत नियति का पाकर

तम से जीवन उलझाये
जब सोती गहन गुफा में
चंचल लट को छिटकाये।

वह ज्वालामुखी जगत की
वह विश्व वेदना बाला
तब भी तुम सतत अकेली
जलती हो मेरी ज्वाला!

इस व्यथित विश्व पतझड़ की
तुम जलती हो मृदु होली
हे अरुणे! सदा सुहागिनि
मानवता सिर की रोली।

जीवन सागर में पावन
बड़वानल की ज्वाला-सी
यह सारा कलुष जलाकर
तुम जलो अनल बाला-सी।

जगद्द्वन्द्वों के परिणय की
हे सुरभिमयी जयमाला
किरणों के केसर रज से
भव भर दो मेरी ज्वाला।

तेरे प्रकाश में चेतन-
संसार वेदना वाला,
मेरे समीप होता है
पाकर कुछ करुण उजाला।

उसमें धुँधली छायाएँ
परिचय अपना देती हैं
रोदन का मूल्य चुकाकर
सब कुछ अपना लेती हैं।

निर्मम जगती को तेरा
मंगलमय मिले उजाला
इस जलते हुए हृदय को
कल्याणी शीतल ज्वाला।

जिसके आगे पुलकित हो
जीवन है सिसकी भरता
हाँ मृत्यु नृत्य करती है
मुस्क्याती खड़ी अमरता।

वह मेरे प्रेम विहँसते
जागो मेरे मधुवन में
फिर मधुर भावनाओं का
कलरव हो इस जीवन में।

मेरी आहों में जागो
सुस्मित में सोनेवाले
अधरों से हँसते-हँसते
आँखों से रोनेवाले।

इस स्वप्नमयी संसृत्ति के
सच्चे जीवन तुम जागो
मंगल किरणों से रंजित
मेरे सुन्दरतम जागो।

अभिलाषा के मानस में
सरसिज-सी आँखे खोलो
मधुपों से मधु गुंजारो
कलरव से फिर कुछ बोलो।

आशा का फैल रहा है
यह सूना नीला अंचल
फिर स्वर्ण-सृष्टि-सी नाचे
उसमें करुणा हो चंचल

मधु संसृत्ति की पुलकावलि
जागो, अपने यौवन में
फिर से मरन्द हो
कोमल कुसुमों के वन में।

फिर विश्व माँगता होवे
ले नभ की खाली प्याली
तुमसे कुछ मधु की बूँदे
लौटा लेने को लाली।

फिर तम प्रकाश झगड़े में
नवज्योति विजयिनि होती
हँसता यह विश्व हमारा
बरसाता मंजुल मौती।

प्राची के अरुण मुकुर में
सुन्दर प्रतिबिम्ब तुम्हारा

उस अलस ऊषा में देखूँ
अपनी आँखों का तारा।

कुछ रेखाएँ हो ऐसी
जिनमें आकृति हो उलझी
तब एक झलक! वह कितनी
मधुमय रचना हो सुलझी।

जिसमें इतराई फिरती
नारी निसर्ग सुन्दरता
छलकी पड़ती हो जिसमें
शिशु की उर्मिल निर्मलता

आँखों का निधि वह मुख हो
अवगुंठन नील गगन-सा
यह शिथिल हृदय ही मेरा
खुल जावे स्वयं मगन-सा।

मेरी मानसपूजा का
पावन प्रतीक अविचल हो
झरता अनन्त यौवन मधु
अम्लान स्वर्ण शतदल हो।

कल्पना अखिल जीवन की
किरनों से दृग तारा की
अभिषेक करे प्रतिनिधि बन
आलोकमयी धारा की।

वेदना मधुर हो जावे
मेरी निर्दय तन्मयता
मिल जाये आज हृदय को
पाऊँ मैं भी सहृदयता।

मेरी अनामिका संगिनि!
सुन्दर कठोर कोमलते!
हम दोनों रहें सखा ही
जीवन-पथ चलते-चलते।

ताराओं की वे रातें
कितने दिन-कितनी घड़ियाँ
विस्मृति में बीत गईं वे
निर्मोह काल की कड़ियाँ

उद्वेलित तरल तरंगें
मन की न लौट जावेंगी
हाँ, उस अनन्त कोने को
वे सच नहला आवेंगी।

जल भर लाते हैं जिसको
छूकर नयनों के कोने
उस शीतलता के प्यासे
दीनता दया के दोने।

फेनिल उच्छ्वास हृदय के
उठते फिर मधुमाया में
सोते सुकुमार सदा जो
पलकों की सुख छाया में।

आँसू वर्षा से सिंचकर
दोनों ही कूल हरा हो
उस शरद प्रसन्न नदी में
जीवन द्रव अमल भरा हो।

जैसे जीवन का जलनिधि
बन अंधकार उर्मिल हो
आकाश दीप-सा तब वह
तेरा प्रकाश झिलमिल हो।

हैं पड़ी हुई मुँह ढककर
मन की जितनी पीड़ाएँ
वे हँसने लगीं सुमन-सी
करती कोमल क्रीड़ाएँ।

तेरा आलिंगन कोमल
मृदु अमरबेलि-सा फैले
धमनी के इस बन्धन में
जीवन ही हो न अकेले।

हे जन्म-जन्म के जीवन
साथी संसृति के दुख में
पावन प्रभात हो जावे
जागो आलस के सुख में।

जगती का कलुष अपावन
तेरी विदग्धता पावे
फिर निखर उठे निर्मलता

यह पाप पुण्य हो जावे।

सपनों की सुख छाया में
जब तन्द्रालस संसृति है
तुम कौन सजग हो आई
मेरे मन में विस्मृति है!

तुम! अरे, वही हाँ तुम हो
मेरी चिर जीवनसंगिनि
दुख वाले दग्ध हृदय की
वेदने! अश्रुमयि रंगिनि!

जब तुम्हें भूल जाता हूँ
कुड्मल किसलय के छल में
तब कूक हूक-सू बन तुम
आ जाती रंगस्थल में।

बतला दो अरे न हिचको
क्या देखा शून्य गगन में
कितना पथ हो चल आई
रजनी के मृदु निर्जन में!

सुख तृप्त हृदय कोने को
ढँकती तमश्यामल छाया
मधु स्वप्निल ताराओं की
जब चलती अभिनय माया।

देखा तुमने तब रुककर
मानस कुमुदों का रोना
शशि किरणों का हँस-हँसकर
मोती मकरन्द पिरोना।

देखा बौने जलनिधि का
शशि छूने को ललचाना
वह हाहाकार मचाना
फिर उठ-उठकर गिर जाना।

मुँह सिये, झेलती अपनी
अभिशाप ताप ज्वालाएँ
देखी अतीत के युग की
चिर मौन शैल मालाएँ।

जिनपर न वनस्पति कोई

श्यामल उगने पाती है
जो जनपद परस तिरस्कृत
अभिशप्त कही जाती है।

कलियों को उन्मुख देखा
सुनते वह कपट कहानी
फिर देखा उड़ जाते भी
मधुकर को कर मनमानी।

फिर उन निराश नयनों की
जिनके आँसू सूखे हैं
उस प्रलय दशा को देखा
जो चिर वंचित भूखे हैं।

सूखी सरिता की शय्या
वसुधा की करुण कहानी
कूलों में लीन न देखी
क्या तुमने मेरी रानी?

सूनी कुटिया कोने में
रजनी भर जलते जाना
लघु स्नेह भरे दीपक का
देखा है फिर बुझ जाना।

सबका निचोड़ लेकर तुम
सुख से सूखे जीवन में
बरसों प्रभात हिमकन-सा
आँसू इस विश्व-सदन में।

Lector House believes that a society develops through a two-fold approach of continuous learning and adaptation, which is derived from the study of classic literary works spread across the historic timeline of literature records- Therefore, we aim at reviving, repairing and redeveloping all those inaccessible or damaged but historically as well as culturally important literature across subjects so that the future generations may have an opportunity to study and learn from past works to embark upon a journey of creating a better future.

This book is a result of an effort made by Lector House towards making a contribution to the preservation and repair of original ancient works which might hold historical significance to the approach of continuous learning across subjects

HAPPY READING & LEARNING!

LECTOR HOUSE LLP
E-MAIL: lectorpublishing@gmail.com